7

Lk 1704.

ÉGLISE DE LA BASTIDE.

Notice

SUR

LA CONSTRUCTION

DE CET ÉDIFICE ;

Par Auguste **BORDES**,

ARCHITECTE DE CE MONUMENT.

Octobre 1838.

BORDEAUX.

Th. Lafargue, Imprimeur-Libraire,

RUE DU PUITS BAGNE-CAP, N.º 4.

ÉGLISE DE LA BASTIDE.

NOTICE

SUR LA CONSTRUCTION

DE CET ÉDIFICE.

A la fin de 1830, un concours sur Programme publié, fut ouvert pour le projet d'une Église à élever dans le bourg de Cénon, la Bastide.

Les concurrents furent nombreux.

Le Jury d'architectes chargé de juger les compositions, fit un premier choix : il mit à l'écart les projets qui lui parurent évidemment inacceptables, et réserva seulement, pour les soumettre à un examen spécial, trois des productions présentées.

Devant ensuite opter entre ces trois projets, le Jury les discuta en détail, et il fut reconnu que le plan portant la devise :

« A son génie il faut qu'on s'abonne,
» Suivons le nôtre et n'invoquons personne ».

remplissait les conditions du Programme ; qu'il réunissait les convenances requises sous les rapports du goût, de l'art, de l'économie et de la commodité ; qu'il devait être préféré.

Ce plan était le mien ; le Jury l'adopta par décision du 5 Juillet 1831.

L'une des dispositions du Programme portait que l'exécution du monument appartiendrait au candidat dont le projet, devant le Jury, aurait obtenu préférence. Ma composition avait été approuvée et préférée ; la clause du Programme formait engagement précis ; si les engagements administratifs sont de quelque valeur, je devais donc compter sur l'exécution de mon œuvre.

Mais que ne peuvent, contre des droits positifs, les révoltes de l'amour-propre, l'intérêt et l'esprit de partialité ?.....

Le Maire et quelques membres du Conseil municipal d'alors, s'étaient épris de prédilection marquée pour l'un des concurrents écartés : et, dans l'impuissance de faire prévaloir leurs préférences, ils ne voulurent du moins, ni respecter la décision du Jury, (composé d'hommes de l'art), ni donner suite au projet, malgré les obligations prises.

Cependant, survinrent des circonstances qui déterminèrent le Maire et son plus ardent instigateur à abdiquer leurs fonctions.

Par suite, les engagements et les projets de la commune auraient pu sans aucun doute être réalisés; mais malheureusement, le Maire, successeur de celui dont j'ai d'abord parlé, devait être, par position, systématiquement opposant à toute construction d'église dans la plaine.

Entre ce fonctionnaire et quelques adhérents, il fut donc résolu qu'à l'aide de tous moyens, l'on paralyserait, l'édification de l'église votée et le résultat du concours.

Comme combinaison devant conduire à cette fin, la résistance à l'avis du conseil des bâtiments civils et la force d'inertie impassible, furent essayées bientôt avec une incroyable audace. Ensuite l'on affecta de négliger la création de l'église et l'on s'étudia à en faire oublier le projet.

Vainement, diverses réclamations furent-elles adressées à l'autorité locale contre sa volontaire langueur *. M. le Maire, conformément au parti pris et à ses vues personnelles, se renferma dans le mutisme le plus absolu.

Tous ces stratagèmes devaient porter leur fruit :

De fait, l'établissement d'église que le Corps municipal avait primitivement décidé, et le projet qui avait été conçu, sanctionné et préféré, sont restés inexécutés, étouffés par d'excentriques influences.

Cependant les habitants de la Bastide comprenaient généralement, de quelle importante convenance, (disons mieux), de quelle haute nécessité, était l'installation d'un temple dans le sein même du bourg. Animés de généreuses intentions, il leur vint en pensée de suppléer à la bonne volonté administrative en commandant, par le moyen des souscriptions individuelles, l'exécution de l'église que les besoins moraux de leur population attendaient.

Dans cet esprit, M. Dupérier de Larsan, offrit, le 27 Juillet 1833, de concéder gratuitement, le

---

* Lettres écrites au Maire, les 20 Juillet, 25 Septembre 1832, etc.

terrain nécessaire ; le Conseil municipal accepta cette offre au nom de la commune.

Une Commission fut chargée de recueillir des souscriptions et d'assurer l'exécution de l'édifice.

Cette Commission s'est acquittée de son laborieux mandat avec un zèle supérieur à tout éloge.

Cependant, comme les produits de la souscription ne s'élevèrent pas aussi haut qu'on l'avait d'abord espéré, la nécessité de proportionner la dépense aux ressources, vint inévitablement influer sur l'étendue des travaux.

L'on me demanda d'approprier mon projet aux nouvelles limites des dépenses et du terrain. En conséquence, je fis subir aux plans et au devis, les réductions de dimension et les diminutions d'ouvrage et de dépense, imposées par la restriction du local et par celle des voies et moyens.

En cet état, mon projet fut transmis à l'autorité supérieure qui en autorisa l'exécution par décision du 28 Mai 1834.

L'adjudication des travaux eut lieu, publiquement et au rabais, le 18 Juin suivant.

C'est l'entrepreneur Picard, qui, sous le nom du sieur Cicard, cautionné par lui, devint adjudicataire.

Les travaux, c'est-à-dire, les premières fouilles, ouvrirent vers la fin du mois de Juillet de la même année.

Il semblait que toutes les difficultés, qui avaient si long-temps arrêté l'accomplissement du projet, allaient enfin se trouver pour jamais dissipées; hé bien non, de grands obstacles avaient été vaincus, mais il en restait un bien difficile, dans la volonté contraire et opiniâtre du Maire de 1832.

Ce Maire, ne craignit pas de profiter de son état de fonctionnaire et de son ascendant sur l'entrepreneur, pour entraver le plus et aussi long-temps qu'il le pourrait, l'exécution de l'édifice.

Il est indispensable aux architectes d'avoir sur la direction et sur le mode d'exécution des travaux, un moyen d'influence directe.

Afin que cette utilité me restât assurée, j'avais fait établir au cahier des charges de l'adjudication (art. 14), que quant aux sommes destinées au prix des travaux de l'église, les payements auraient lieu sur mandats approuvés par moi, d'après l'avancement et l'état des travaux, et qui seraient visés par le Maire.

Dans cette disposition se trouvait le moyen le plus positif que l'on pût avoir, pour agir sur les volontés de l'entrepreneur.

Le Maire sappliqua à ruiner, de toutes les manières, cette utile influence.

Dans le principe, profitant de la nécessité du *visa*, il se complût à retarder et même à refuser l'accomplissement de cette formalité d'ordre : d'autrefois, il affecta de livrer intempestivement à l'entrepreneur, les fonds sans approbation de ma part.

De cette façon, il cherchait à sapper mon influence dans sa base, et encourageait l'entrepreneur à méconnaître ses devoirs et mes instructions.

Enfin, les abus furent poussés si loin par l'ancien Maire de Cénon, soit à l'égard de l'église en construction, soit relativement à plusieurs autres objets fort importants pour la commune, que dans une adresse présentée à M. le Préfet, en Juin 1836, les membres du Conseil municipal, se virent réduits à demander l'acceptation de leur démission ou bien la destitution du Maire.

Vers cette époque, sur la réclamation du Conseil des bâtiments civils (à qui l'on n'avait envoyé que des pièces tronquées), il fallut faire un huitième exemplaire du Projet, accompagné de la huitième copie du Devis, qu'en personne, je remis à l'administration du département.

Ce projet, transmis au Ministre par suite des appropriations que j'y avais opérées, ayant été de nouveau approuvé le 17 Novembre 1836, me fut adressé par M. le Préfet, le 15 Décembre suivant, avec l'assurance *que rien davantage ne devait en arrêter l'exécution*.

Cette circonstance et l'obligation inévitable de *viser* les mandats, déterminèrent le Maire à donner sa démission.

Mais déjà beaucoup de mal avait été fait. Malgré les conditions du cahier des charges et malgré mes efforts, l'entrepreneur avait commis des contraventions flagrantes et beaucoup d'infractions ; il avait employé dans plusieurs parties de la bâtisse, des matériaux d'une autre espèce et d'une autre qualité que celles portées au Devis ; — il s'était servi de pierres refendues ; il s'était permis des joints faux, des liaisons imparfaites, de nombreux défauts d'appareil ; ses mortiers n'avaient pas toujours eu les qualités promises, etc., etc. Il me fallut constater toutes ces transgressions et

bien d'autres encore, et réclamer contre elles.—
Néanmoins, et en dépit de mes ordres précis,
l'élévation de la bâtisse s'opéra inégalement.—
Sans avoir égard à la compressibilité particulière
du terrain et au tassement des murs, le porche
ne fut éprouvé que plus de deux années après les
autres parties de l'édifice.

La plupart de ces fautes ont eu lieu durant
l'administration de l'ancien Maire de Cénon.

Sous le Maire actuel, l'édifice ne pouvait certainement pas avoir à redouter des dispositions volontairement hostiles ; mais, disons-le franchement, une condescendance trop grande envers l'entrepreneur, la facilité et l'irrégularité des payements, occasionnèrent, par trop de laisser-aller, une partie, du moins, des inconvénients que la précédente administration avait favorisés par système.

L'action de l'architecte continua à être déplorablement paralysée.

Je ne pus obtenir en temps opportun la confection de la charpente ni la pose de la couverture. De graves altérations pouvaient cependant résulter du retard et de la non-simultanéité des principaux ouvrages.

De plus, un évènement douloureux (la chûte de plusieurs ouvriers, la blessure des uns et le décès d'un autre), vint apporter dans le chantier, le deuil et la consternation. J'appris ce cruel accident le 9 Août 1837, en revenant d'Ambarès dont je restaurais l'église et reconstruisais la façade; et dans cette circonstance encore, j'eus la douleur de voir que le sinistre était survenu, parce que l'on avait négligé d'écouter mes prévisions et de suivre les instructions que j'avais transmises dès la veille.

Plus tard, des bruits mensongers répandus par la malveillance, ont engagé l'administration à faire vérifier par l'architecte de la ville de Bordeaux, la construction et l'état de l'église de la Bastide.

Dans un rapport motivé, M. Bonfin, déclara que l'on ne devait élever aucun doute sur la solidité du monument, que l'enchaînement et la combinaison de toutes les parties de l'édifice, donnaient toute garantie.

Cette vérification a effacé l'effet que l'intrigue avait attendu de ses insinuations trompeuses. Depuis lors, il y a eu cependant quelques nouvelles entraves; le Conseil de fabrique, par exemple, en suscita lorsqu'il lui prit envie de substituer son autorité à celle de l'architecte pour la conduite et la surveillance des travaux de l'intérieur.

Malgré ces contrariétés, et malgré les longs retards qu'elles ont entraîné, l'église de la Bastide, devait, au prix d'une persistance inflexible, atteindre enfin le terme de son achèvement.

Ce pieux édifice vient d'être aujourd'hui terminé.

DESCRIPTION DE L'ÉDIFICE.

Le plan de l'église de la Bastide, offre une étendue totale de 29 mètres, sur une largeur de 13 mètres, 15 centimètres, dans œuvre.

Il comprend, un porche extérieur et intérieur, une nef, des bas-côtés, contigus au sanctuaire, une sacristie et un dépôt d'ornements ; à droite et à gauche du porche intérieur, sont établis les escaliers de la tribune, le baptistaire et le dépôt des chaises.

Aux angles de l'édifice et sur chacune de ses faces, s'élèvent sur un socle couronné et formant soubassement, des pilastres d'ordre dorique qui supportent l'entablement denticulaire régnant au pourtour du monument : sur les élévations latérales, existent des croisées cintrées ornées d'un chambranle ; sur la façade, des niches de même grandeur et de même style, reçoivent des évangélistes. Au dessus du porche, qui est élevé de six marches et qui est couronné d'un fronton, repose le clocher aussi d'ordre dorique, pareillement percé de quatre arcades pleins-cintres ; il est couronné d'un entablement denticulaire avec fronton sur façade, et offre dans ses ouvertures un appui évidé de balustres. Dans le dais qui est intermédiaire à ces deux motifs, l'on a pratiqué des encadrements où sont renfermés les rosaces et le cadran qui en décorent les faces.

Le porche intérieur, au-dessus duquel est la tribune, se trouve distinct du baptistaire et du dépôt des chaises, par une grille sur banquette ; il offre en regard de l'entrée des escaliers de la tribune, deux bénitiers au droit de deux niches contenant des statues de Saints.

Des piliers, couronnés d'impostes, séparent la nef des bas-côtés, et reçoivent la tombée des six grandes arcades que l'architecte, par suite des restrictions qui lui ont été imposées, a été contraint de substituer à celles que l'observation des proportions normales lui avait fait préférer.

Élevés sur des pieds droits, trois grands cintres, formant arcs-doubleaux, indiquent les distributions transversales de la tribune, du corps principal, du chœur et du sanctuaire. — Une corniche avec frise, marquée par une astragale, règne dans toute la périphérie intérieure. La nef est voûtée en berceau et terminée sphériquement dans le sanctuaire où elle est peinte de caissons et ouverte d'une lanterne semi-circulaire.

Les bas-côtés sont plafonnés et leur ciel encadré de corniches : les arcades, accompagnées d'archivoltes, correspondent symétriquemeut entr'elles.

Le sanctuaire est élevé d'une marche au-dessus du sol du chœur, qui domine, d'une marche pareillement, le niveau du restant de l'Eglise.

L'architecte déplore qu'une parcimonie malentendue l'ait privé de donner à ce sanctuaire la profondeur que son plan primitif retraçait, et que plusieurs des détails par lui donnés n'aient pas été exactement suivis.

La dépense de construction de cette église, ne dépassera pas 30,000 fr.

IMPRIMERIE DE TH. LAFARGUE, A BORDEAUX.

www.ingramcontent.com/pod-product-compliance
Lightning Source LLC
Chambersburg PA
CBHW060454050426
42451CB00014B/3319